큐티 세미나

초급반 교재

천만큐티운동본부 지음

두란노

큐티 세미나 –초급반 교재

지은이 | 천만큐티운동본부
초판 발행 | 2010. 9. 6.
12쇄 발행 | 2025. 3. 12

등록번호 | 제3-203호
등록된 곳 | 서울특별시 용산구 서빙고동 95번지
발행처 | 사단법인 두란노서원
영업부 | 2078-3333 FAX | 080-749-3705
출판부 | 2078-3477

▮ 책 값은 뒤표지에 있습니다.
ISBN 978-89-531-1387-9 03230

▮ 독자의 의견을 기다립니다.
tpress@duranno.com http://www.Duranno.com

▮ 이 책의 성경본문은 개역개정판을 사용했습니다

두란노서원은 바울 사도가 3차 전도여행 때 에베소에서 성령 받은 제자들을 따로 세워 하나님의 말씀으로 양육하던 장소입니다. 사도행전 19장 8-20절의 정신에 따라 첫째 목회자를 돕는 사역과 평신도를 훈련시키는 사역, 둘째 세계선교(TIM)와 문서선교(단행본 · 잡지) 사역, 셋째 예수문화 및 경배와 찬양 사역, 그리고 가정 · 상담 사역 등을 감당하고 있습니다. 1980년 12월 22일에 창립된 두란노서원은 주님 오실 때까지 이 사역들을 계속할 것입니다.

차례

매일 큐티하겠다고 하나님 앞에 서약해 보십시오.
큐티가 좋은 것을 알아도 결단하지 않으면 실천하기 어렵습니다.

헌신 서약문

나는 매일

하나님의 말씀을 묵상함으로

하루를 시작할 것을 서약합니다.

그리고 하나님이 깨닫게 해 주시는 것만큼

순종하기로 서약합니다.

년 월 일

이름: (서명)

첫 번째 강의

큐티란 무엇인가?

QT BASIC

01

1주차

1. 큐티란 무엇인가?

이 율법책을 네 입에서 떠나지 말게 하며 주야로 그것을 묵상하여 그 안에 기록된 대로 다 지켜 행하라 그리하면 네 길이 평탄하게 될 것이며 네가 형통하리라 _ 수 1:8

1. 큐티의 정의

"QT(Quiet Time)란 **조용한 시간**과 **장소**를 정하여 **매일** 하나님을 **개인적**으로 만나는 시간이며, 성경말씀을 통해 나를 향하신 하나님의 **음성**을 듣고 **묵상**하며 삶에 **적용**함으로써 **변화**와 **성숙**을 이루고자 하는 경건 훈련입니다.

– 조용한 시간과 장소:

– 매일:

– 개인적으로:

– 하나님의 음성:

– 묵상:

– 적용:

– 변화와 성숙:

NOTE

2. 왜 큐티를 해야 할까요?

하나님은 큐티를 통해 개인의 삶을 인도하시며, 일상생활에서 생기는 문제들을 믿음으로 대처하게 하십니다. 큐티를 통해 우리는 하나님의 성품과 인격을 닮아 갑니다. 또한 내면의 치유와 회복을 경험합니다. 큐티는 매일 먹는 영적인 양식인 것입니다.

3. 큐티는 어떻게 시작되었습니까?

하나님의 말씀을 규칙적으로 읽고 묵상하는 습관은 아주 오래된 기독교의 전통이었습니다. 그러다가 QT(Quiet Time)란 말이 처음 쓰이게 된 것은 1882년 영국 캠브리지 대학의 후퍼(Hooper)와 소튼(Thorton) 등 7명의 학생이 중심이 되어 매일 얼마의 시간을 성경 읽기와 기도로 보내면서부터입니다.

이들은 "경건의 시간(Quiet Time)을 기억하자!"라는 슬로건을 외치며 아침 일찍 최소한 20분, 가능하면 한 시간씩, 기도와 성경 연구를 위해 시간을 따로 떼어놓기 시작했습니다. 그 결과 놀라운 영적 능력이 나타났고, 이들 캠브리지 7인은 모두 중국 선교사로 헌신하여 평생을 하나님과 동행하면서 주님의 사역을 감당했습니다.

NOTE

tip

큐티와 성경 공부의 차이는 무엇인가요?

'성경공부'는 말씀을 잘 이해하기 위해 여러 가지 방법으로 관찰하고 해석하고 연구하는 데 강조점을 둡니다. 그러나 '큐티'는 말씀을 연구하는 과정이라기보다 오늘 나에게 개인적으로 주시는 말씀을 찾아 묵상하고 적용하는 데 강조점을 둡니다.

큐티 교재가 꼭 필요한가요?

큐티 교재 없이도 큐티할 수 있습니다. 그러나 교재 없이 큐티하면 매일 일정량을 규칙적으로 읽기 어렵고, 따로 필기 노트를 관리해야 하는 불편함이 있습니다. 「생명의 삶」은 6년에 걸쳐 성경 전체를 볼 수 있도록 짜여져 있기 때문에 성경을 골고루 볼 수 있습니다. 또한 본문을 교회적으로 같이 보기 때문에 말씀 나눔과 공동체의 연합에 큰 도움을 줄 수 있습니다. 풍부한 해설과 영어 번역, 관련된 읽을 거리가 있는 큐티 교재를 사용하십시오.

나눔거리

1. 여호수아 1장 8절을 읽고 나누어 봅시다. 당신이 주야로 묵상하고 있는 것들은 무엇입니까?
2. 성경은 왜 율법을 주야로 묵상하라고 합니까?
3. 묵상을 위한 조용한 시간과 장소 확보를 위해 내가 해야 할 것은 무엇입니까?

과제물

1. 「생명의 삶」으로 매일 정해진 시간과 장소에서 큐티하십시오.
2. 「큐티하면 행복해집니다」(하용조 지음, 두란노) 1장, 2장을 읽으십시오.

큐 티 간 증

이성문 성도/ 서울 용산구 청파동

사람은 살다 보면 누구나 실수하게 마련이다. 하지만 이미 엎질러진 물을 다시 담을 수 없기에 아쉬움이 깃든 후회가 밀려오는 것 같다.

얼마 전, 길가에 6인승 승합차를 세우고 급하게 건물 4층으로 뛰어올라갔다 온 일이 있었다. 서둘러 업무를 보고 내려왔는데 세워 둔 차가 보이지 않았다. 주위를 살펴보니 차가 건너편에 주차돼 있던 코란도 차에 달라붙어 있었다. 아차 하는 순간 때는 이미 늦어 버렸다. 시간에 쫓겨 마음이 급한 나머지 사이드 브레이크를 걸어 두지 못했고, 약간 경사진 길에서 차가 후진하고 말았던 것이다. 내 차는 조금 찌그러진 것 외에는 다른 파손이 없어서 외관상 괜찮았지만 코란도는 전조등이 파손돼 보기 흉했다.

다행히 주위에서 이를 목격한 사람은 한 명도 없었다. 안도의 한숨을 내쉬며 그냥 가려고 했지만 곧 양심의 가책을 느끼며 하나님이 이 상황을 보고 계신다는 생각이 들었다. 그래도 이번에는 그냥 지나치고 다음부터 잘하자는 마음을 쉽게 지울 수 없었다. 짧은 순간이지만 많은 고민과 갈등이 일어났다. '그냥 갈까? 아니면 연락처를 남길까? 연락이 오면 수리비로 얼마나 달라고 할까?'

잠시 길모퉁이에 앉아 있는데 「생명의 삶」 큐티 본문에서 묵상했던 아나니아와 삽비라가 생각났다. 그들은 재물에 대한 욕심이 가득해, 소유물을 판 값 중에 일부를 취함으로써 성령을 속이고 하나님께 진실하지 못한 자들이었다. 그들에게는 하나님 앞에서 행하는 정직보다 물질이 훨씬 중요했고 우선순위였다. 이 일을 모른 척하고 그냥 지나간다면 나도 그들과 다를 바 없는 존재라는 생각이 들었다. 그릇된 마음을 선택하길 원했던 나의 모습을 하나님께 내려놓으며 회개했다. 그리고 내 이름, 연락처와 함께 파손된 부분의 수리비를 전액 지불하겠다는 메시지를 남겼다.

다음날 차 주인에게서 연락이 왔다. 나는 카센터에 가서 차량 수리비 35만 원을 전달했다. "만일 네 입술이 정직을 말하면 내 속이 유쾌하리라"(잠 23:16)는 말씀처럼, 하나님 앞에서 정직한 내 모습이 무척 기쁘게 느껴졌다. 비록 사소한 부주의로 물질을 잃었지만, 이를 계기로 정직하고 진실한 열매가 얼마나 유쾌한지 그 맛을 아는 즐거움을 얻을 수 있었다.

Q·T 예시 1

성경 본문 : 마태복음 15:21~28

제　　목 : 가나안 여자의 믿음

가나안 이방 여인이 귀신 들린 자기의 딸을 고쳐 달라고 예수께 애원했지만 예수님은 매몰차게 거절했다. 그러나 여기에 굴하지 않고 끝까지 주님께 붙어 있으니까 예수님이 그녀의 딸을 고쳐 주시고 그 믿음을 칭찬하셨다.

24절: 왜 예수님은 가나안 여인의 간절한 부탁을 매몰차게 거절하셨을까? 예수님답지 않은 행동이다. 이 여인은 왜 개(고금을 막론하고 개는 언제 어디서나 상대방을 비하하는 말이다) 취급을 당하면서도 예수님을 떠나지 않았을까?

21 예수께서 거기서 나가사 두로와 시돈 지방
으로 들어가시니

22 가나안 여자 하나가 그 지경에서 나와서 소
리 질러 이르되 주 다윗의 자손이여 나를 불쌍
히 여기소서 내 딸이 흉악하게 귀신 들렸나이다
하되

23 예수는 한 말씀도 대답하지 아니하시니 제
자들이 와서 청하여 말하되 그 여자가 우리 뒤
에서 소리를 지르오니 그를 보내소서

24 예수께서 대답하여 이르시되 나는 이스라
엘 집의 잃어버린 양 외에는 다른 데로 보내심
을 받지 아니하였노라 하시니

25 여자가 와서 예수께 절하며 이르되 주여 저
를 도우소서

26 대답하여 이르시되 자녀의 떡을 취하여 개
들에게 던짐이 마땅하지 아니하니라

27 여자가 이르되 주여 옳소이다마는 개들도
제 주인의 상에서 떨어지는 부스러기를 먹나이
다 하니

28 이에 예수께서 대답하여 이르시되 여자여
네 믿음이 크도다 네 소원대로 되리라 하시니
그 때로부터 그의 딸이 나으니라

26절: 관주를 찾아보면 개라는 단어는 탐욕이 심하고 무지하여 자기 이익만 추구하고, 독주를 탐하는 자(사 56:10~12)이고, 행악하고(빌 3:2), 점을 치고, 음행하며 살인하고, 우상숭배하고, 거짓말하는(계 22:15) 자를 뜻한다. 말하자면 개는 하나님을 모르고 세상에 취해 우상숭배하고 죄악에 묻든 자를 말한다. 유대인들이 보기에 가나안 이방 여인은 한마디로 하나님을 모르는 개와 같은 존재이다. 예수님은 그 당시 쓰였던 이방인을 비하하는 표현을 사용하심으로 그 여인의 마음을 아프게 하셨다. 왜일까? 사랑의 예수님이 그런 말을 쓰시면 안 되지 않을까?

27~28절: 여인의 태도는 참으로 끈질기다. 모욕을 받았어도 예수님께 붙어 있음으로 해서 결국은 딸아이의 귀신 들림이 치유되고 믿음이 크다고 칭찬을 받았다.

Q·T 예시 1

적 용

며칠 전 교회 특별 새벽 예배에 갔을 때였다. 새벽 예배가 5시 30분에 시작하는데, 평소에는 4시 30분에 도착하던 내가 잠깐 잠이 들어 5시 20분에 가고 말았다. 집회는 아직 시작하지 않았는데 사람들이 너무 많이 모여 차 댈 곳이 없었다. 여기저기 찾아보고 또 찾아보았지만 어느 한 곳 차 댈 곳이 없었다. 겨우 빈곳을 발견하여 주차를 하려고 하니 그곳에는 절대 주차를 할 수 없다며 주차 요원이 싹싹맞게 얘기했다.

시간은 벌써 6시, 너무너무 화가 났다. 제시간에 왔는데도 주차할 수 없고 지금 들어가도 지각하여 말씀이 거의 끝날 무렵에 들어가는 것이 너무너무 짜증나고 한심스러웠다. 당장 집어치우고 집으로 가고 싶었다. 그래도 내 마음 한구석에 목사님께 안수기도라도 받아야겠다는 한줌 희망을 갖고 먼 곳에 주차하고 걸어서 교회로 들어갔다. 다행히 본당 구석에 서 있을 수 있었고 담임 목사님의 마지막 메시지와 부목사님의 안수 기도에 큰 위로가 되고 눈물이 나왔다.

생각했다. 가나안 여인이 화가 나서 예수님을 모욕하고 그 자리를 떠났다면 과연 딸을 고칠 수 있었을까? 믿음이 크다고 예수님께 칭찬받을 수 있었을까? 이해가 된다. 예수님은 이 여인의 믿음을 보시기 위해 일부러 당시 유대인들이 이방인을 일컬어 사용했던 속어를 사용하신 것이다. 그러나 여인은 여기서 굴복하지 않았다. 예수님께 계속 붙어 있었다. 나도 마찬가지다. 만약 주차장에서 화가 나서 그냥 집에 갔다면 은혜를 받을 수 있었을까? 오히려 시험받고 교회를 떠났을지도 모를 일이다. 고난 후에 꼭 은혜가 온다는 사실을 명심하고 오늘도 주님께 꼭 붙어 있으리라.

결 단

화가 나고 이해가 되지 않는 상황에서 가나안 여인의 믿음을 생각하고 꼭 참자! 다음부터 시험을 당하지 않기 위해 30분 일찍 일어나고 일찍 들어가자!

NOTE

개인 큐티 점검표

1. 이번 주 큐티하셨습니까? (v표)

월 □ 화 □ 수 □ 목 □ 금 □ 토 □ 주일 □

2. 정해진 시간과 장소에서 큐티할 수 없었다면 그 이유는 무엇입니까?

분주함 □ 게으름 □ 잊어버림 □ 어렵다 □

기타 ____________

3. 필독 도서 「큐티하면 행복해집니다」 1장, 2장을 읽으셨습니까?

읽었다 □ 반만 읽었다 □ 못 읽었다 □

두 번째 강의

큐티 이렇게 하십시오

읽기와 묵상

QT BASIC

02

2주차

2. 큐티 이렇게 하십시오 – 읽기와 묵상

씨는 하나님의 말씀이요, 좋은 땅에 있다는 것은 착하고 좋은 마음으로 말씀을 듣고 지키어 인내로 결실하는 자니라 _ 눅 8:11 하, 15

하나님과 일대일로 만날 시간과 장소를 정했다면 다음 순서를 따라 큐티하십시오.

1. 찬양과 기도

찬양을 드리며 하나님께 마음을 집중하십시오. 성경의 저자이시며 말씀을 깨닫게 하시는 분은 하나님이십니다. 말씀을 읽기 전에 기도하며 말씀을 받을 마음의 준비를 하십시오.

기도 "주님, 제 눈을 열어 주님의 말씀을 보게 하소서. 제 귀를 열어 주님의 말씀을 듣게 하소서. 제 마음을 열어 겸손히 주님의 말씀을 받게 하소서."

NOTE

2. 말씀 읽기

하나님은 말씀을 통해 우리에게 그분의 뜻(위로, 소망, 경고, 계획, 생각 등)을 알려 주십니다. 그러므로 우리는 말씀을 읽으며 하나님이 오늘 우리에게 들려주시는 음성을 들어야 합니다. 말씀의 의미를 생각하며 최소한 세 번 정도 반복해서 읽으십시오.

- 첫 번째 읽을 때는 본문의 전체적인 내용을 파악하십시오.
- 두 번째 읽을 때는 성령님이 특별히 나에게 주시는 말씀(말씀의 씨앗)이라고 여겨지는 부분에 밑줄을 그으십시오.
- 세 번째 읽을 때는 하나님이 내게 주신 말씀을 중심으로 왜 그 말씀이 오늘 나에게 와 닿는지를 깊이 생각하고 깨달은 점들을 기록해 보십시오.

※ 본문을 읽을 때 내게 주시는 말씀의 씨앗을 찾는 것이 1차 과제!

- **마음에 와 닿는 말씀**
  씨가 밭에 떨어지듯 말씀이 마음에 와 닿는다.
- **깨달아지는 말씀**
  말씀이 마음에 닿는 동시에 깨달아지는 경우다.
- **의문이 생기는 말씀**
  더 알고 싶은 의문은 주님의 대화 요청이다.
- **감성적으로 와 닿는 말씀**
  정서적인 반응을 일으키는 경우다.

NOTE

3. 묵상

시편 1편의 '묵상'이라는 말은 히브리어 '하가'로 '조용히 읊조리다' 라는 뜻입니다. 그것은 마치 노래 가사를 흥얼거리며 반복하는 것처럼 읽으면서 그 뜻을 곱씹어 보는 것입니다. 말씀을 반복적으로 읽으면서 마음에 와 닿거나 새롭게 깨달은 말씀(말씀의 씨앗)을 삶과 연결해 집중적으로 묵상하십시오. 주님이 왜 내게 그 말씀을 주셨는지, 무엇을 말씀하고 싶으신지 질문하고, 주님의 음성에 귀 기울이십시오.

소가 풀을 먹고 되새김질을 하듯이, 묵상의 과정을 통해 영적인 진리 곧 하나님의 성품, 섭리, 은혜, 비밀을 당신의 온 마음으로 느껴 보십시오. 충분한 묵상은 깊이 있는 큐티로 이끌어 주고, 삶을 변화시키는 말씀의 능력을 경험하게 합니다.

1) 묵상한 내용을 기록하십시오.

머릿속으로 묵상하는 것보다 기록하면서 묵상하면 훨씬 잘 정리되며, 적용점을 찾는 데 도움이 됩니다. 기록 형식으로는 결단 기도문, 하나님께 드리는 사랑의 편지, 헌신 고백 등 다양한 방법이 있습니다.

NOTE

2) 앞뒤 본문의 의미를 고려하십시오.

앞뒤 본문의 의미를 고려하지 않고 특정 단어만 취하는 것은 위험합니다. 무엇을 할까 말까 망설이고 있는데 '행하라'는 단어가 눈에 들어온다고 그것을 오늘 주신 말씀이라고 믿는 식의 묵상은 위험합니다.

아래 헨리 나우웬의 글[1]을 읽으면 묵상을 이해하는 데 도움이 될 것입니다.

> 침대에 누워서, 차를 운전하면서, 버스를 기다리면서, 개를 데리고 산책하면서, 당신은 이 구절의 한마디 한마디를 당신의 생각 속에서 천천히 되풀이할 수 있다. 단지 그 구절이 무슨 말씀을 하고 있는지 당신의 전 존재로 들으려 하면서 말이다. 여러 가지 염려로 계속해서 주의가 흩어지겠지만, 그 말씀으로 계속해서 돌아가면, 점차 염려에 덜 집착하고 진정으로 기도를 즐기기 시작하는 당신을 보게 될 것이다. 그리고 그 기도가 생각에서부터 당신 존재의 중심으로 내려갈 때 치유하는 능력을 발견할 것이다.

1) Henri Nouwen, *Jesus: A Gospel*, Maryknoll, NY: Orbis Books, 2001, p. 48.

NOTE

tip

말씀 묵상과 명상은 무슨 차이가 있나요?

어떤 사람은 종종 묵상을 힌두교, 요가, 불교의 선, 초월 명상, 이완 요법, 뉴에이지 운동 등과 관련지어 생각합니다. 그러나 말씀 묵상은 동양의 명상과 다릅니다. '동양의 명상'은 마음을 비우는 데 목적이 있으나 '말씀 묵상'은 하나님과 그분의 말씀을 마음 가득 채우는 데에 목적이 있습니다.

나눔거리

1. 당신은 성경을 읽고 묵상할 때 어떤 점이 어렵습니까?
2. 누가복음 8장 12~15절을 읽고 나의 마음 상태는 어떠한지 나누어 봅시다.

과제물

1. 매일 「생명의 삶」으로 큐티하십시오.
2. 요한복음 20장 19~23절을 큐티하십시오.
3. 「큐티하면 행복해집니다」 3장, 4장을 읽고 자신에게 필요한 내용을 정리해 보십시오.

NOTE

Q·T 예시 2

성경 본문 : 마태복음 1:18~21

제 목 : 요셉의 믿음과 예수님의 탄생

요셉은 자기의 약혼녀 마리아가 임신했다는 사실을 듣고 불경하여 파혼하려고 했지만 주의 천사가 나타나 성령으로 잉태되었다는 사실을 알려주었다. 그래서 그는 천사가 가르쳐 준 대로 이름을 예수라고 하고 마리아와 결혼하였다.

18 예수 그리스도의 나심은 이러하니라 그의
어머니 마리아가 요셉과 약혼하고 동거하기 전
에 성령으로 잉태된 것이 나타났더니

19절: 요셉은 의로운 사람이었다…. 요셉은 의로운 사람이었기 때문에 결혼 전에 임신한 마리아와 파혼을 하려고 했다. (간음한 여인은 돌로 쳐 죽이라는 율법대로 하지 않은 것만도 감사한 줄 알아라….) 참으로 의롭고 참을성도 많은 신사다. 그런데 그가 의롭다는 말이 자꾸 마음에 걸린다. 나는 얼마나 내 의대로, 율법대로 살아왔나…. 나의 의대로 살아왔기 때문에 나는 간음한 여인을 돌로 쳐내려 하였고, 세상의 의와 상식으로 끊어 버린 일들이 수없이 많았다.

그러나 사람의 의대로 살았을 때 마리아와 예수님이 어떻게 되었을까 상상해 보라. 예수님은 사생아요, 마리아는 미혼모로 큰 어려움을 당했을 것이다. 예수님은 사람의 의대로 살았을 때 태어난 분이 아니라 성령의 음성을 듣고 순종했을

19 그의 남편 요셉은 의로운 사람이라 그를 드
러내지 아니하고 가만히 끊고자 하여

20 이 일을 생각할 때에 주의 사자가 현몽하여
이르되 다윗의 자손 요셉아 네 아내 마리아 데
려오기를 무서워하지 말라 그에게 잉태된 자는
성령으로 된 것이라

21 아들을 낳으리니 이름을 예수라 하라 이는
그가 자기 백성을 그들의 죄에서 구원할 자이심
이라 하니라

때 태어나셨다. 나의 의와 기준보다 더 우위에 있는 것은 성령님의 음성이다. 율법과 나의 의가 아닌 성령님의 음성에 순종할 때 기적이 일어난다. 하나님의 일은 나의 기준과 상식을 초월하여 성령님을 따라갈 때 일어나는 것이다.

Q·T 예시 2

적 용

지난번 차를 몰고 반포대교를 건널 때의 일이다. 앞 차를 따라 정속 주행하고 있는데 갑자기 차가 끼어들어 거의 사고가 날 뻔하였다. 나는 성격상 교통 위반을 하거나 불법 끼어들기를 하지 않는 사람인데, 불법을 행하여 사고를 일으킬 뻔한 운전자에게 너무나 화가 났다. 나는 주체할 수 없는 마음에 문을 열고 밖으로 나갔다. "당신 그 따위로 운전할 거야!"라고 큰소리칠 마음이었다.

그러나 바로 그때 성령께서 "참아라. 너그럽게 해라"고 말씀하시는 음성이 들렸다. 그래서 나도 모르게 창문을 톡톡 두드리며 "괜찮아요? 다치지 않았어요?"라고 말하고 말았다. 창문이 열리자 나는 너무나 놀라고 말았다. 끼어들기 운전을 한 바로 그 사람은 우리 구역원이었던 것이다. 구역장인 내가 만약 화를 내고 정죄의 화살을 던졌다면 그 사람은 앞으로 구역 모임에 나오지 않았을 것이다. 그러나 내가 성령님의 음성에 순종해서 화를 면할 수 있었다.

운전자인 구역원은 머리를 긁적거리면서 말했다. "구역장님이셨군요…. 죄송해요…. 우리 아기가 너무 아파서 급히 병원에 가려고 끼어들기 한 건데 죄송합니다." 정말 뒤를 보니 그의 아내가 병든 아이를 껴안고 불안해하고 있었다. 나는 웃으면서 그 친구를 위로하고 떠나보냈다.

율법보다, 상식보다 성령님의 음성에 순종해야 함을 절실히 깨닫는 순간이었다.

결 단

율법의 노예, 상식의 노예가 되지 말고 매사에 기도하며 사랑으로 사람을 감싸야겠다. 화내기를 더디하고 사람의 말을 끝까지 경청해야지. 아이들이 말할 때 끝까지 들어 주고, 잘못했을 때 무조건 혼내기보다는 한 번 더 인내하고 사랑으로 감싸는 아빠가 돼야지.

NOTE

개인 큐티 점검표

1. 이번 주 큐티하셨습니까? (v표)

월 □ 화 □ 수 □ 목 □ 금 □ 토 □ 주일 □

2. 정해진 시간과 장소에서 큐티할 수 없었다면 그 이유는 무엇입니까?

분주함 □ 게으름 □ 잊어버림 □ 어렵다 □

기타 ____________

3. 필독 도서 「큐티하면 행복해집니다」 3장, 4장을 읽으셨습니까?

읽었다 □ 반만 읽었다 □ 못 읽었다 □

세 번째 강의

큐티 이렇게 하십시오

-묵상의 실습과 적용

QT BASIC 03

3주차

3. 큐티 이렇게 하십시오 -묵상의 실습과 적용

너희는 말씀을 행하는 자가 되고 듣기만 하여 자신을 속이는 자가 되지 말라 누구든지 말씀을 듣고 행하지 아니하면 그는 거울로 자기의 생긴 얼굴을 보는 사람과 같아서 제 자신을 보고 가서 그 모습이 어떠했는지를 곧 잊어버리거니와 자유롭게 하는 온전한 율법을 들여다보고 있는 자는 듣고 잊어버리는 자가 아니요 실천하는 자니 이 사람은 그 행하는 일에 복을 받으리라 _ 약 1:22~25

1. 적용

말씀을 묵상한 후 적어도 한 가지를 실천에 옮겨 보십시오. 말씀을 삶에 실천하는 것이 적용입니다.

1) 나 자신에게 적용합니다.

"이 말씀은 ○○○가 좀 봐야 하는데" 식의 적용은 금물입니다. 말씀은 나 자신에게 초점을 맞출 때 가장 확실하고 큰 위력을 발휘합니다.

2) 구체적으로 적용하십시오.

"이웃을 사랑하자"라는 식의 적용은 생각에만 머물기 쉽습니다. 묵

NOTE

상한 말씀을 적용하기 위해 구체적인 적용의 대상, 장소, 시간, 방법 등을 정하십시오.

예) 나 몰래 직원들 앞에서 내 흉을 보고 있던 김 계장에게 화가 나 그의 멱살을 잡을 뻔했는데, 내일 김 계장에게 가서 사과하고 내 흉을 인정하며 고쳐야겠다.

3) 적용은 실천 가능한 것이어야 합니다.

"오늘 한순간도 나쁜 생각을 하지 말자"와 같은 이상적인 적용은 올바른 적용이라 할 수 없습니다. 적용은 실제적이면서 실천할 수 있는 것을 정하십시오.

예) 예수님이 제자들의 발을 씻기셨는데 당시 발을 씻기는 것은 노예나 하는 일이었다. 예수님은 노예처럼 남이 하기 싫은 일, 궂은 일, 힘든 일을 하며 남을 섬기라고 하신 것이다. 나도 오늘 밑에 사람에게만 시켰던 설거지, 쓰레기 운반, 화장실 청소를 내 손으로 해봐야겠다.

4) 적용의 노예가 되지는 마십시오.

적용은 중요하지만 묵상한 모든 말씀이 늘 삶에 적용되지는 않습니다. 오늘 묵상한 말씀이 다음에 적용되기도 하고 신앙이 성숙되면서 적용되기도 합니다. 무리하게 상투적인 적용을 하면 큐티의 밀도가 희석되고, 적용만 강조하면 율법주의자가 되기 쉽습니다.

NOTE

적용의 4P

① Personal (개인적 적용)　② Practical (실제적 적용)

③ Possible (가능한 적용)　④ Patient (인내로 결실 맺음)

tip

적용이 어렵습니까?

적용의 다른 말은 순종입니다. 말씀대로 실천하겠다는 의지요, 결단입니다. 내 뜻을 버리고 하나님의 뜻을 따르는 것입니다(눅 22:42). 내 의지가 나를 이끌어 가는 것이 아니라 말씀이 나를 이끌어 가도록 주님께 맡겨 드리는 것입니다.

나눔거리

1. 한 주간 큐티한 것을 서로 나누어 봅시다.

과제물

1. 매일「생명의 삶」으로 큐티하십시오.
2. 에베소서 1장 1~3절을 큐티하십시오.
3. 「큐티하면 행복해집니다」5장, 6장을 읽으십시오.

NOTE

Q·T 예시 3

성경 본문 : 요한복음 20:19~23

제 목 : 부활과 평강을 선포하시는 예수님

19 이 날 곧 안식 후 첫날 저녁 때에 제자들이
유대인들을 두려워하여 모인 곳의 문들을 닫았
더니 예수께서 오사 가운데 서서 이르시되 너희
에게 평강이 있을지어다

19절: 제자들이 유대인들로 인해 두려워했을 때 예수님이 두 번이나 똑같이 "평강이 있을지어다"라고 말씀하셨는데 왜 그렇게 반복하셨을까? 내용을 보면 첫 번째 평강은 체포의 두려움을 이겨내기 위한 평강이었고, 두 번째 평강은 선교하기 위해 두려움을 이겨내는 평강이었다. (21절)

20 이 말씀을 하시고 손과 옆구리를 보이시니
제자들이 주를 보고 기뻐하더라

20절: 제자들이 주님을 보고 기뻐한 이유는? 주님이 부활하셨고 그분의 손과 옆구리의 상처를 보고 기뻐했다. 왜 상처를 보고 기뻐할까?

21 예수께서 또 이르시되 너희에게 평강이 있
을지어다 아버지께서 나를 보내신 것같이 나도
너희를 보내노라

22 이 말씀을 하시고 그들을 향하사 숨을 내쉬
며 이르시되 성령을 받으라

23 너희가 누구의 죄든지 사하면 사하여질 것
이요 누구의 죄든지 그대로 두면 그대로 있으리
라 하시니라

22절: 왜 숨을 내쉬며 성령을 받으라고 하셨을까? 분명코 숨을 내쉬는 것과 성령 받는 것은 연관성이 있을 것이다. 예수님이 숨을 내쉬는 것과 창세기 때 하나님이 흙으로 사람을 만드시고 그 코에 생기를 불어넣으시는 것과 흡사하다.

상처는 숨기고 싶은 것이다. 그러나 예수님을 만나면 상처는 흔적이 되고 그 흔적은 간증거리가 된다. 마치 개선장군의 상처가 온 국민의 자랑거리가 되듯이 예수님을 만나면 숨기고 싶은 상처는 흔적이 되고 그것은 간증거리요, 자랑거리가 되는 것이다. 상처를 당하면 숨기기만 할 것이 아니라 예수님 안에서 치유받아야 한다. 우리의 상처는 부활하신 예수님을 만나면 치유되고 굳은살이 박혀 흔적이 된다. 한 번 아문 상처는 더 강한 살점으로 바뀔 것이다. 사람들에게 상처를 보여주지 말고 흔적을 보여 줘라. 그러면 사람들은 그 흔적을 보고 기뻐할 것이다.

Q·T 예시 3

적 용

우리가 성령을 받는다는 것은 태초에 하나님께서 진흙에 생기를 불어넣으신 것과 같다. 아무리 하나님께서 아름답게 사람을 빚으셨어도 생기가 없으면 그것은 그냥 진흙덩이일 뿐이다. 마찬가지로 우리가 성령을 받지 않으면 살아 있어도 살아 있는 것이 아니라 고깃덩어리에 불과하다. 이 세상에 성령 없이 육체의 소욕대로 사는 사람들이 얼마나 많은가? 나는 그동안 크리스천으로 살았으면서 얼마나 많이 성령의 능력을 인정하지 않으며 살았는가?

오늘 말씀은 고깃덩어리 같은 나의 모습을 돌아보는 순간이었다. 진정한 생명과 삶은 살아 있다고 되는 것이 아니라 성령을 받아야 한다. 그래서 예수님은 창세기적 호흡을 연상시키시면서 성령을 받으라고 하신 것이다. 그렇다. 성령을 받아야 한다. 그래야 내가 진짜 삶을 살 수 있는 것이다.

결 단

성령을 사모한다. 육체만 있고 욕심 많은 내가 성령으로 변화되고 거듭나고 싶다.

NOTE

Q·T 예시 4

성경 본문 : 시편 121:1~8

제 목 : 나를 지키시는 하나님

'나의 도움이 어디서 올까?'를 묵상한 시인은 도움이 다른 곳이 아닌 천지를 지으신 여호와께로부터 나오며 그분은 이스라엘을 환난 가운데서 보호하시고 영혼을 언제나 지키신다는 것을 깨달았다.

1절: 산은 어떤 산인가?(관련구절 시 125:1~2)
① 우리 집 옆 산 ② 일반적인 산 ③ 시온 산
정답은? ③시온 산. 시온 산은 하나님이 거하시는 산. 시인은 요동치 않는 산을 보면서 영적인 위로를 받고 힘을 얻어 왔는데, 계속 묵상하니까 그의 도움은 산에서 오는 것이 아니라 산을 천지를 지으신 여호와께로서 옴을 발견했다.

3~4절: 우리 주님의 신실하심을 졸지도 않고 주무시지도 않음으로 표현.

1 내가 산을 향하여 눈을 들리라 나의 도움이 어디서 올까

2 나의 도움은 천지를 지으신 여호와에게서로다

3 여호와께서 너를 실족하지 아니하게 하시며 너를 지키시는 이가 졸지 아니하시리로다

4 이스라엘을 지키시는 이는 졸지도 아니하시고 주무시지도 아니하시리로다

5 여호와는 너를 지키시는 이시라 여호와께서
네 오른쪽에서 네 그늘이 되시나니

5~8절: 하나님의 지키심을 낮의 해와 밤의 달도 해치 못하심으로 표현. 출애굽 광야 시절 이스라엘은 실제로 낮에는 구름 기둥, 밤에는 불기둥으로 보호받음을 경험했다.

6 낮의 해가 너를 상하게 하지 아니하며 밤의
달도 너를 해치지 아니하리로다

7 여호와께서 너를 지켜 모든 환난을 면하게 하
시며 또 네 영혼을 지키시리로다

8 여호와께서 너의 출입을 지금부터 영원까지
지키시리로다

예시 4

적 용

나는 힘들고 어려우면 아무것도 하지 않고 방에 들어가 혼자 신음하고 울기도 하는데 앞으로는 그렇게 하지 말고 산속에 들어가서 걸어 보기도 하고, 하늘을 보고 산을 보고 대자연을 묵상하는 자연 묵상을 해봐야겠다. 산은 움직이지 않으며 항상 거기 있는 존재다. 산처럼 주님은 항상 거기 계시다. 시인은 산을 묵상하다가 산을 만드신 하늘의 하나님 여호와를 만난 것이다. 하나님을 만나면 나의 걱정 근심이 사라질 뿐 아니라 나를 지키시고 보호하시기 위해 졸지도 주무시지도 않으시고 낮의 해와 밤의 달도 나를 해치 못하도록 항상 보호하시는 하나님의 열심과 그분의 함께하심을 깨닫게 된다. 힘들고 어려울 때 고개 숙이고만 있지 말고 하늘을 보고 밖으로 나가 천지를 창조하시고 나를 보호하시는 하나님의 은혜와 사랑을 묵상해야겠다.

결 단

주님, 오늘 말씀을 읽으며 하나님의 위대하심을 느꼈고, 하나님께서 나를 보호하시기 위해 졸지도 않으시고 주무시지도 않고 항상 나를 지켜보시는 분임을 깨달았습니다. 미물에 불과한 저를 위해 그토록 한없는 은혜를 베푸신 하나님께 감사와 찬양을 올려 드립니다!

NOTE

개인 큐티 점검표

1. 이번 주 큐티하셨습니까? (v표)

월 □ 화 □ 수 □ 목 □ 금 □ 토 □ 주일 □

2. 정해진 시간과 장소에서 큐티할 수 없었다면 그 이유는 무엇입니까?

분주함 □ 게으름 □ 잊어버림 □ 어렵다 □

기타 ____________

3. 필독 도서 「큐티하면 행복해집니다」 5장, 6장을 읽으셨습니까?

읽었다 □ 반만 읽었다 □ 못 읽었다 □

네 번째 강의

나눔과 나눔방

QT BASIC

04

4주차

4. 나눔과 나눔방

여자가 물동이를 버려 두고 동네로 들어가서 사람들에게 이르되 내가 행한 모든 일을 내게 말한 사람을 와서 보라 이는 그리스도가 아니냐 하니 그들이 동네에서 나와 예수께로 오더라 _ 요 4:28~30

말씀을 적용한 뒤 일어난 일들을 믿음의 형제자매들과 나누십시오. 큐티 나눔방이나 구역 모임 등에서 큐티를 나누면 묵상과 적용이 더 실제적이며 교회 소그룹이 살아납니다.

1. 함께 지어져 가는 나눔 (엡 2:19–22)

2. 나눔은 영적 뷔페 (pot luck)

NOTE

3. 어떻게 나눌 것인가?

1) 남 얘기나 본문 설명이 아니라 [개인적]으로 정직하게 큐티한 것을 나누십시오.
2) 성경 안에 있는 어떤 사건이나 인물보다도 [하나님]에게 초점을 두어야 합니다.
3) 있는 모습 그대로 나누십시오. 나눔방은 [비교]하는 자리가 아닙니다. 만약 나눌 것이 없으면 나눌 게 없다고 솔직하게 고백하십시오.

tip

나눌 때 '잘했다, 잘못했다' [판단]하는 마음을 가져선 안 됩니다.

(판단 對 분별) 때로 성경을 잘못 이해하고 있어도 심각한 정도가 아니면 그냥 들으십오. 사람마다 영적인 성장 과정이 다르므로 오히려 격려해 줄 때 자라갈 것입니다. 또한 각자 삶의 환경이 다르기 때문에 하나님께서 하시는 말씀이 각각 다릅니다.

4. 나눔의 4단계

1) 나눔의 1단계 – 묵상하는 삶

큐티하는 마음으로 하루를 사는 것입니다.

NOTE

"QT Spirit으로 하루를 산다"
아침에 큐티할 때 주신 말씀을 하루 종일 마음에 [품고] 주님과 대화하는 것입니다.

2) 나눔의 2단계 – 변화된 삶

주님이 깨닫게 해 주신 말씀대로 사는 것입니다.
삶에 구체적으로 하나님이 원하시는 [변화]를 일으키는 것입니다.
① 하나님과의 친밀한 교제 회복 ② 내면의 치유
③ 그리스도를 닮은 인격

3) 나눔의 3단계 – 나누는 삶

가족이나 이웃, 성도들과 큐티하면서 받은 은혜를 나누는 것입니다.
'큐티 나눔 모임'이 있다면 그것은 아주 큰 영적 축복입니다.

4) 나눔의 4단계 – 섬기는 삶

하나님과 교제가 깊어지면 자연스럽게 [사역]이 시작됩니다(벧전 2:9).
큐티를 통해서 받은 은혜를 가지고 다른 사람을 돕고 교회를 섬기게 됩니다.

NOTE

tip

큐티할 때 주의하십시오.

- 타성에 빠지지 않게 하라.
- 큐티하지 않는 사람을 정죄하지 말라.
- 율법주의에 빠지지 말라.
- 정독과 다독을 겸하라.
- 성품과 기질의 조화를 이루라.
- 큐티가 중단되지 않게 주의하라.

tip

큐티한 것을 나누면 무엇이 좋은가요?

- 지나치게 주관적으로 치우치는 것을 방지한다.
- 타인이 깨달은 바를 공유한다.
- 자기 정리가 된다.
- 중보 기도를 할 수 있다.
- 큐티의 지속성을 갖게 된다.
- 영적인 도전을 받게 된다.
- 사역의 비전을 갖게 된다.

나눔거리

1. 주변에 큐티 나눔방이 어디에 있는지 알아봅시다.
2. 한 주간 큐티한 것들을 서로 나누어 봅시다.

NOTE

조용한 시간과 장소를 정해 주어진 말씀을 준비 기도로 시작하여
천천히 읽고 느껴지는 그대로 기록합니다.

Q·T 실습 1

성경 본문 : 시편 1:1~6

제 목 :

1 복 있는 사람은 악인들의 꾀를 따르지 아니
하며 죄인들의 길에 서지 아니하며 오만한 자들
의 자리에 앉지 아니하고

2 오직 여호와의 율법을 즐거워하여 그의 율법
을 주야로 묵상하는도다

3 그는 시냇가에 심은 나무가 철을 따라 열매
를 맺으며 그 잎사귀가 마르지 아니함 같으니
그가 하는 모든 일이 다 형통하리로다

4 악인들은 그렇지 아니함이여 오직 바람에 나
는 겨와 같도다

5 그러므로 악인들은 심판을 견디지 못하며 죄
인들이 의인들의 모임에 들지 못하리로다

6 무릇 의인들의 길은 여호와께서 인정하시나
악인들의 길은 망하리로다

Q·T 실습 1

적 용

결 단

NOTE

조용한 시간과 장소를 정해 주어진 말씀을 준비 기도로 시작하여
천천히 읽고 느껴지는 그대로 기록합니다.

Q·T 실습 2

성경 본문 : 에베소서 1:1~3

제 목:

1 하나님의 뜻으로 말미암아 그리스도 예수의
사도 된 바울은 에베소에 있는 성도들과 그리
스도 예수 안의 신실한 자들에게 편지하노니

2 하나님 우리 아버지와 주 예수 그리스도로부
터 은혜와 평강이 너희에게 있을지어다

3 찬송하리로다 하나님 곧 우리 주 예수 그리
스도의 아버지께서 그리스도 안에서 하늘에 속
한 모든 신령한 복을 우리에게 주시되

적 용

결 단